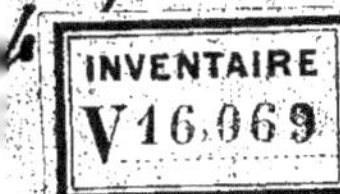

MÉMOIRE
AU CONSEIL D'ÉTAT.

COMITÉ DE L'INTÉRIEUR ET DU COMMERCE.

POUR LE COMMERCE
DE CHARBON DE BOIS ET DE TERRE;

CONTRE L'ORDONNANCE DU 3 MARS 1825,

Qui accorde une augmentation de tarifs aux Compagnies
des Canaux de Briare, Orléans et Loing.

> Il n'est ni d'un rapport, ni d'une ordonnance,
> ni même d'une loi, de diminuer ou accroître
> les obligations d'un contrat de cette nature.
>
> (M. Lainé, *Rapporteur de la Commission
> des Canaux, à la Chambre des Pairs*,
> 18 mai 1825).

1825.

AU ROI,

EN SON CONSEIL.

SIRE,

Il n'appartient qu'à l'autorité législative d'établir des tarifs de navigation. Le gouvernement de V. M. a rendu un hommage solennel à ce principe dans un grand nombre de circonstances, notamment dans le projet qu'elle vient de soumettre aux chambres, dans leur session de 1825, sur l'abolition du droit de navigation et demi-tonnage, projet qui a reçu leur entier assentiment.

Si ce principe est incontestable quant aux canaux de navigation, qui sont la propriété de l'État, il l'est bien plus encore à l'égard des canaux dont la concession à été faite à des particuliers.

Il existe dans ce cas, un contrat véritable entre l'État

et les concessionnaires , qui est de sa nature irrévocable ; et de même que le gouvernement ne peut diminuer les perceptions , sous la foi desquelles les particuliers ont consenti à se charger de la canalisation , de
même les concessionnaires n'ont aucun droit de demander une augmentation ou des droits nouveaux. ·

Les ministres chargés d'éclairer V. M. sur l'état de la
question , ne peuvent mettre l'intérêt de quelques familles au-dessus de l'intérêt du commerce , de l'industrie
et de l'agriculture , et négliger ainsi le premier des de-
voirs du gouvernement.

Chargés par la loi de veiller à ce que les concessionnaires n'abusent pas de leur titre , et ne grèvent pas im-
punément le commerce de taxes qui, en définitive, retombent sur les consommateurs , ils doivent être les premiers à
dénoncer ces tentatives aux tribunaux de répression , et
suppléer par leur vigilance , à l'incurie des particuliers
qui, trop souvent ne veulent pas , pour échapper à
quelques prestations dont ils ne font que l'avance , en-
treprendre une discussion avec une compagnie riche et
puissante.

Si même , il y avait accord secret entre ces compagnies et ceux qui sont le plus naturellement appelés à
dénoncer les usurpations , les agents du gouvernement
devraient redoubler de vigilance , et dans l'intérêt des
contribuables ou des consommateurs, déjouer ces calculs.

Les recueils des ordonnances de nos rois , contiennent
une foule de monumens qui déposent de la vigilance avec
laquelle ces pères du peuple réprimaient les abus des
péages , que des hommes puissans convertissaient en
exactions, et qui ont si long-temps retardé en France les
progrès de l'industrie et du commerce , qui forçaient de

(3)

consommer sur place, ou laissaient sans valeur les pro-
ductions naturelles ou industrielles de nos provinces.

On sait avec quel succès les Romains pratiquaient leurs
routes et leurs canaux. Ils y employaient leurs armées,
et se préservaient ainsi des abus des péages. Lors de
l'établissement de la monarchie française dans les Gau-
les, ce moyen manqua; pour y suppléer, et afin de pourvoir à la réparation des ponts, des chemins et des canaux, on recourut à la ressource si aisée des péages;
mais comme il est de la nature des concessions de ce
genre, d'arriver toujours, sous divers prétextes, à des
augmentations successives quoiqu'insensibles, nos rois,
avertis par les plaintes générales de la nation, faisaient
examiner leurs titres, et ordonnaient de réduire les péages à leurs taux primitifs.

Telle est la disposition de l'art. 9 de l'édit rendu en
novembre 614, sous Clotaire II, dans une assemblée
nationale, composée des évêques, des grands et des
fidèles, c'est-à-dire des notables.

L'art. 8 de cette loi fameuse, déclare *impies* les tentatives de ceux qui ont augmenté les redevances; et c'est
avec raison; car n'est-ce pas une impiété de violer le
contrat qui lie les concessionnaires envers l'état, et de
surprendre la religion du prince?

Et ubicunque census novus IMPIÈ *additus est, et a populo
reclamatur, justâ inquisitione misericorditer emen-
detur.*

« Si l'on a été assez impie pour établir, quelque part
« que ce soit, de nouveaux cens, et qu'il y ait récla-
« mation du peuple, ils seront réformés miséricordieu-
« sement, après une juste enquête. »

La loi voulait qu'on écoutât les requêtes du peuple, ou

1.

du commerce : aucune fin de non recevoir ne pouvait donc être opposée à ces réclamations , lorsqu'elles étaient justes.

Sous les derniers Mérovingiens, les hommes puissans profitant de l'affaiblissement de l'autorité royale , obtinrent par des chartes successives, et qu'ils payaient souvent, l'augmentation de leurs péages.

Pepin, chef de la seconde dynastie , s'empressa de remédier à ces abus par les art. 22 et 26 du Capitulaire donné à son palais de Vernon , en 755 ; on voit qu'il y fut sollicité par les plaintes générales de la Nation.

Charlemagne , par l'art. 18 du Capitulaire de 779, l'art. 12 du Capitulaire de 805, l'art. 11 de la loi de 806, témoigne à ce sujet sa vive sollicitude,

Dans l'assemblée nationale tenue à Aix-la-Chapelle : en 819, où demanda à Louis le Débonnaire l'abolition des péages illégitimes , et il l'accorda par l'art. 17 : dans celle de Théodon, en 821 , on renouvela les mêmes plaintes ; le Capitulaire de 823 , art. 19 s'en occupe encore.

L'assemblée nationale de Pistes , formée en 864 , sous la présidence de Charles le Chauve, réclama avec une grande liberté et avec énergie, contre les abus en tout genre, qui s'étaient élevés dans la perception des impôts et des revenus publics ; les péages étaient du nombre de ces redevances.

Par suite de l'hérédité des fiefs , consacrée par l'édit de Kiezsy , en 877 , et de l'établissement du gouvernement féodal sous les derniers Carlovingiens, la royauté perdit toutes ses prérogatives , les seigneurs devinrent souverains dans leurs baronies ; pendant les 9e 10e 11e siècles , l'abus des péages fut porté à son comble ; il y en avait sur toutes les rivières, et sur toutes les routes.

Aussi n'y avait-il plus de commerce d'aucun genre ; les barons qui avaient usurpé le droit d'en établir, étaient les premières victimes de leur cupidité et de leur ignorance.

Les premiers rois de la 3ᵉ race étaient trop faibles pour attaquer dans sa racine un abus consacré par trois siècles de possession, devenu pour ainsi dire patrimonial, et dont eux-mêmes profitaient dans leurs vastes domaine s.

La plus grande faveur que l'un de ces Rois put faire à la riche et puissante abbaye de Saint-Denis, fut de lui accorder, en 1118, l'exemption de tous ces péages. Saint-Louis, dont le nom revient chaque fois qu'il s'agit de justice et d'amélioration en législation, s'occupa de la répression des abus des péages ; il le fit avec énergie et succès. Par la disposition de ses célèbres établissemens de l'an 1270, il maintint ce qui était légitime ; il détruisit ce qui était usurpé.

La conduite de ce grand roi fut imitée par Charles V dit le Sage, qui, par une ordonnance du 4 décembre 1367, supprima tous les péages *nouvellement* établis ou augmentés,

Le gouvernement de Charles VI, en 1413, porta à ce sujet une disposition bien remarquable.

» *Considérant*, dit l'art. 244 de la grande ordonnance du 25 mai, *que les anciens péages avaient été accrus au grand dommage du bien public et du commerce*» on abolit tous ceux qui n'étaient pas fondés en titre, et on ordonne que tous les autres seront vérifiés par le procureur général ; on accorda un an pour la production des titres.

Cette disposition est précisément celle de la loi du

28 mars 1790, qui est encore en pleine vigueur, ainsi que le Conseil d'état vient de le reconnaître dans l'affaire du canal de Givors.

Elle était l'expression d'un besoin public, et de cette grande et éternelle vérité que les surprises faites à l'autorité du prince ne peuvent jamais fonder un droit légitime ; aussi fut-elle confirmée par des ordonnances des 15 mai 1430 et 7 mai 1448, dans lesquelles Charles VII qualifie les nouveaux péages d'*excessifs*, *outrageux* et *insupportables*.

Un édit donné par Louis XI à Dampmartin, en décembre 1474, pour assurer l'approvisionnement de Paris, ordonna encore de ramener tous les péages à leur taux primitif.

Cela rappelle cette célèbre ordonnance de 1672, dite de la Ville, que sa sagesse et la grande nécessité du bien public ont conservée en vigueur, malgré que la législation antérieure à 1789 ait été presqu'entièrement renouvelée ; et elle vient de recevoir une nouvelle sanction par la loi du mois de juillet 1824.

Il serait trop long de rapporter ici même les dates des ordonnances qui, de règne en règne, ont renouvellé la disposition que nous venons de rappeler, tant elles sont nombreuses. Il suffira de dire que l'ordonnance de 1669, sur les eaux et forêts, également en vigueur, a consacré un titre tout entier aux péages.

L'art. 2 de ce titre ordonne aux seigneurs péagistes de produire leurs titres, pour être soumis à la révision du Conseil, et l'art. 1er supprime de plein droit, tous droits établis sans titres légitimes depuis *cent années*.

Les canaux de Briare, d'Orléans et de Loing ont été formés sous l'empire de cette législation : ainsi, leurs

(7)

propriétaires savent, que vainement ils auraient surpris
des autorisations pour augmenter le taux primitif de
leurs concessions; ces augmentations sont d'avance dé-
clarées nulles et sans effet.

A-t-on dérogé à ces principes depuis 1789? Au contraire, on a redoublé de sévérité. On savait combien il
avait été facile de surprendre l'autorité royale, à une
époque où le pouvoir législatif se trouvait confondu
dans ses mains avec le pouvoir administratif.

La loi du 28 mars 1790, supprima sans indemnité
tout droits de passage, hallage, etc., excepté ceux
concédés pour dédommagement de frais de construction
de canaux, ou autres travaux et ouvrages construits
sous cette condition.

Et comme on n'aurait pas manqué d'échapper à l'a-
bolition, en alléguant que le motif de ces augmentations rentrait dans l'exception, l'art. 16 voulut que les
droits exceptés de la suppression continueraient d'être
perçus, selon les titres et les tarifs de leur *création primitive* seulement, et ordonna de produire, dans l'année,
les titres, à peine de suspension des tarifs.

Cette loi a été exécutée; la compagnie Lagardette
ayant, en exécution d'un acte du gouvernement du
23 mai 1702, commencé des travaux pour canaliser la
Loire, depuis Roanne jusqu'à Saint-Rambert, fut obli-
gée de justifier de ses dépenses par un décret de la con-
vention, du 17 fructidor an 2. Un arrêté des Consuls,
du 29 frimaire an 10, après vérification, lui accorda
la maintenue provisoire des péages établis, mais seulement au taux de leur *création primitive;* depuis, elle
en a été dépossédée par un décret, contre lequel elle a
vainement réclamé.

(8)

Une loi du 3o fructidor an 4, relative au pont Morand, à Lyon, a accordé aussi, après vérification de titre, la continuation du péage, et même une indemnité pour éviction de force majeure.

Les propriétaires des canaux de Briare ont dû soumettre leurs titres à cette vérification ; s'ils ne l'ont pas fait, ils ne peuvent arguer d'aucun droit qu'ils auraient pu acquérir par tolérance ou laps de temps : on est même en droit de demander, en vertu de la loi de 1790, la suspension de leur perception ; comme on l'a fait à l'égard du canal de Givors, dont l'affaire est actuellement pendante, par suite du renvoi ordonné par une ordonnance délibérée en Conseil d'état.

Les canaux d'Orléans et de Loing auraient obéi à cette loi, s'ils n'étaient tombés à cette époque dans le domaine de l'état, par suite de confiscation.

Telle a été la sollicitude de la loi contre les abus de l'extension des péages, que souvent elle a ordonné de réduire, que jamais elle n'a permis d'augmenter les tarifs.

L'art. 13 de la loi du 26 novembre 1798, sur les bacs et bateaux, porte « que l'administration se fera « représenter les tarifs perçus avant la loi du 15 mars « 1790 (sanctionnée par le Roi le 28), et ceux en « usage au moment de la présente loi ; celui des deux, « dont les taxes sont moins fortes, sera *le seul maintenu* « jusqu'à la publication du tarif à fixer par le corps lé- « gislatif. »

Cet exposé prouve que jamais il n'a pu être dérogé

aux tarifs primitifs de création , et que vainement une compagnie s'appuierait d'une concession à elle faite même par l'autorité souveraine.

Cette concession n'est et ne peut être que l'effet de la surprise ; elle sera sans force , et ne prévaudra jamais contre la loi. Il est du devoir de tous ceux qui ont connaissance de cette surprise, de la signaler et de se refuser au paiement.

C'est l'intérêt de l'État autant que du commerce et de l'industrie. Écoutons à ce sujet un homme dont le nom fait autorité en ces matières , M. le comte Chaptal ; la force de son opinion dans cette circonstance est encore augmentée par l'unanimité de la commission dont il était l'organe et par l'adhésion de la chambre haute :

« Le gouvernement, dit-il , a le plus grand intérêt « à augmenter les transports par eau , pour diminuer la « détérioration des chemins. Si l'on considère que l'en- « tretien d'une bonne navigation coûterait moins que « celui des grandes routes, on restera convaincu qu'il « serait digne de l'administration de dégager la navi- « gation de toute *espèce d'entrave* , et de la dégrever « de tout *impôt.*

« L'intérêt du commerce, de l'agriculture et de l'in- « dustrie, réclame hautement la suppression de ce droit « de navigation.

« Le prix des objets qu'on transporte par eau aux « lieux de consommation , s'élève d'autant plus que la « valeur en est moindre au lieu du départ, et le volume « plus considérable. Les charbons de terre, par exem- « ple , alimentent les principales usines , et les prix « décuplent souvent par les frais de transport et le droit « de navigation. Dès ce moment les produits de notre

« industrie ne peuvent plus soutenir la concurrence
« des produits étrangers, ni être livrés à la consomma-
« tion à des prix convenables.

« Le gouvernement lui-même, en sa qualité de plus
« grand consommateur du royaume, paie une grande
« partie de ce droit de navigation ; de sorte que la sup-
« pression de l'impôt ne formerait pas réellement pour
« le trésor un déficit de la totalité du produit actuel.

« Le droit de navigation présente encore le grave
« inconvénient de ne pas permettre à l'industrie une
« répartition convenable de ses ateliers, ni à l'agricul-
« ture une distribution avantageuse de ses produc-
« tions.

« Au lieu de placer les fabriques qui consomment
« le plus de combustible au centre des matières pre-
« mières, et dans les lieux où la main d'œuvre est au
« plus bas prix, on est forcé de les entasser sur un
« point à portée des mines de charbons, et l'on pré-
« pare ainsi les conséquences funestes qui dérivent de
« l'encombrement des prolétaires et de la cessation du
« travail.

« Au lieu de déboucher facilement les denrées de peu
« de valeur, telles que le blé et le vin, l'agriculteur est
« forcé d'en concentrer les consommations autour de
« lui ; ce qui borne la production et établit une diffé-
« férence choquante dans les prix sur les divers mar-
« chés....

« La suppression du droit de navigation sur les ri-
« vières, et celui de tonnage est donc réclamée par l'in-
« térêt du commerce, de l'agriculture et de l'industrie ;
« et si malgré des motifs puissans, la taxe des barrières
« sur les grandes routes, fut abolie, nous devons espérer

« une *suppression* très prochaine des droits perçus sur
« les rivières et dans les ports du commerce. »

Ces principes sont partagés par la direction générale
des ponts-et-chaussées, ainsi que nous le verrons tout
à l'heure.

Tandis que l'on proclamait ces principes avoués par
le gouvernement, au mois de mars 1825, une ordonnance ministérielle, surprise à la religion de V. M. et d'un
ministre (nous établirons tout à l'heure qu'il y a eu
surprise matérielle), a été publiée au grand étonne-
ment de tous, sous la date du 3 mars, par la voie du
bulletin des lois, qui, au lieu de restreindre les droits en
partie usurpés par les trois canaux depuis leur établissement, a bénévolement et sans cause, et incompétem-
ment, accordé une nouvelle perception à la compagnie
des canaux de Briare, d'Orléans et de Loing.

Heureusement que la surprise qui a été faite dans
cette circonstance est constatée par l'ordonnance elle-
même; mais avant d'en discuter les vices et d'établir
plus amplement les caractères de la surprise, il faut
faire l'historique de l'établissement des trois canaux,
pour savoir jusqu'à quel point ceux qui les exploitent
aujourd'hui dans leur intérêt privé, respectent le contrat
primitif, et avaient droit de solliciter la faveur qu'ils
ont obtenue, et sur laquelle ils comptaient d'autant
moins qu'ils avaient offert de transiger à moitié.

HISTORIQUE ET LOI DES TROIS CANAUX.

§ Ier. *Canal de Briare.*

Ce n'est point à une entreprise particulière que l'on doit le commencement des travaux nécessaires pour établir la communication entre la Loire et la Seine, mais au chef de la maison des Bourbons, à Henri IV et à son ministre Sully, qui, dit le préambule de l'ordonnance de 1678 « dans la paix heureusement par lui acquise à ce royaume, avait jugé ne pouvoir être fait « rien de plus utile et avantageux *au public* pour le « commerce et transport des marchandises de denrées « de provinces à autres, et particulièrement en sa bonne « ville de Paris, que la communication de ces rivières, « par le moyen d'un canal navigable depuis Briare jusqu'à Montargis. »

Ce grand prince, qui eut les premières idées du commerce, qui fit les premières lois sur les dessèchemens, et accordait des lettres de noblesse aux entrepreneurs, qui améliora considérablement l'aménagement des forêts, et qui en peu d'années d'un règne si court et si tragiquement terminé, porta la France au plus haut degré de prospérité, ne voyait pas seulement dans ce projet l'avantage de la capitale; il y voyait aussi celui des provinces, « qui, porte toujours le préambule de l'édit « de 1638, en recevront aussi une notable utilité, par « le moyen de ce qu'elles tireront de Paris, et spéciale« ment de l'argent, c'est-à-dire de tout son peuple. »

Ce ne fut pas un simple projet; il en commença l'exécution de ses deniers; elle ne fut interrompue qu'à son décès. Son successeur ne put, à cause des guerres qui agitèrent le commencement de son règne , ainsi que le porte le préambule de l'édit de 1638 , continuer la dépense , et fut obligé d'en faire la concession ; elle fut accordée aux sieurs Boutroue et Guyon.

Si la concession n'avait été que temporaire , il faudrait applaudir à cette mesure , mais contre le principe ancien , consacré à l'égard du canal de Givors et de beaucoup d'autres , principe renouvelé par le préambule de la loi du 12 octobre 1796 , *que les grands canaux de navigation font essentiellement partie du domaine public*, elle fut accordée à titre perpétuel , ce qui est d'autant plus étonnant, que l'état avait déjà fait une partie des frais.

Mais à cette époque la faute n'était pas sans remède ; le domaine de l'État était réputé inaliénable, on pouvait révoquer la concession à volonté, en remboursant la finance. Par cet édit, les concessionnaires étaient tenus de mettre les travaux à fin dans l'espace de quatre années, sous peine de déchéance, et ils ont rempli cet engagement, ce qui prouve que l'œuvre n'était pas si difficile.

On accorde un droit de péage sur les marchandises et bateaux voiturés par ledit canal, mais en raison de la distance parcourue entre chaque écluse seulement, jamais à raison du séjour

Il a même été dit qu'au moyen du péage, il n'en serait levé aucun sur les rivières de Loire, Loing, et Seine, disposition qui a été violée plus tard, lors de l'établissement du canal de Loing.

L'édit fait défense expresse aux concessionnaires de prendre davantage que les péages fixés ; on prévoyait donc déjà que l'on essaierait sous divers prétextes de les augmenter.

Le parlement de Paris, avant de procéder à l'enregistrement d'une concession *aussi étendue* et il faut le dire aussi peu nécessaire, ordonna la communication au procureur général et prit l'avis du prévot des marchands; l'enquête dura 6 mois : après cet avis, le parlement limita, par son arrêt du 15 avril 1639, la concession de plusieurs manières; il voulut entre autres que la navigation depuis Montargis restât libre comme auparavant (ce à quoi il a été dérogé par l'édit de 1719), et en outre il mit cette condition remarquable, qui fait la loi perpétuelle et irrévocable des concessionnaires, qu'ils ne prendront aucune chose pour séjour et garde, et que les droits à eux attribués et taxés ne seront augmentés pour quelque cause et occasion que ce soit; et qu'à cette fin la taxe sera affichée.

La sollicitude du parlement s'étendit jusqu'à nommer un magistrat pour surveiller l'exécution.

On fit réserve des droits des opposans et des appels faits et à faire.

Dans les dernières années de sa vie, Louis XIII, par un édit du mois de décembre 1642, en affranchissant le commerce de la nécessité d'employer les bateaux de la compagnie pour transporter les marchandises à Paris, accorda en échange à la compagnie, un droit de passage, fixé en raison de la distance parcourue, conformément aux dix tarifs annexés.

1°. Distance de la Loire à Montargis.

2°. De Briare à la Loire. Et si on ne parcourt que moitié, on paiera à proportion de la distance.

3°. D'Ouzouer à la Loire.

4° Depuis la Loire jusque sur la montagne dans le canal de distribution.

5° De Bellune à Ouzouer à Rogny, Châtillon ou Montargis.

6° Du canal de distribution à Montargis.

7° Depuis Rogny jusqu'à Montargis.

8° Depuis Châtillon jusqu'à Montargis.

9° Depuis Moncresson jusqu'à Montargis.

10° De la Thuillerie à Montargis.

Dans tous ces tarifs il est exprimé que l'on fera déduction des écluses que l'on n'aurait pas traversées, si on part d'un point intermédiaire.

Un tarif particulier sera fait pour le charbon de bois, parce qu'il n'en est pas question spécifiquement dans les lettres patentes de 1638.

Chaque poinçon doit payer de Loire à Briare, 2 sous; de Loire à Ouzouer, 3 sous; de Loire sur la montagne entre les deux écluses de distribution, 6 sous; de Briare à Montargis, 17 sous; de la montagne à Montargis, 14 sous; de Rogny à Montargis, 12 sous; de Châtillon à Montargis, 9 sous; de Moncresson à Montargis, 4 sous 6 deniers; de Montargis à la Thuillerie, 2 sous.

« *Et pour les lieux qui sont entre deux, l'on règlera* « *les droits à la même forme qu'il a été dit aux autres* « *tarifs.* » C'est-à-dire avec les déductions de distances non parcourues.

Il n'y a là prétexte à aucun droit de séjour ou stationnement.

Dans le préambule de cet édit, le Roi place avant tout l'intérêt du commerce, « *comme étant* le seul et « unique moyen par lequel les peuples subsistent et

(16)

« jouissent des plus agréables fruits que la paix ayc
« acoutumé de produire ; et comme facilitant le trans -
« port réciproque des marchandises entre plusieurs pro-
« vinces qui n'avaient auparavant que peu de commerce
« les unes avec les autres , notamment pour les denrées
« des provinces d'Auvergne , Forez , Bourbonais , Berry,
« Touraine , Anjou et autres arrosées par la Loire, même
« celles qui venaient d'Italie , Provence , Languedoc ,
« Lyon et Bourgogne..... »

L'intérêt de la compagnie exécutante n'était donc
que secondaire ; il se bornait au recouvrement de ses
avances, et à l'intérêt légitime de ses capitaux.

Elle-même alors , en sollicitant le changement des tarifs de 1638, alléguait pour renoncer au monopole de la
conduite des bateaux , l'intérêt du commerce, et c'est à
ce titre que la substitution fut faite.

Elle connaissait déjà les inconvéniens d'un séjour
trop prolongé de la part des bateliers , puisque dans
sa requête elle en faisait un moyen pour demander ce
changement ; mais elle ne proposa point alors l'établissement d'un droit de séjour.

Nous voudrions bien savoir , si c'est l'intérêt du commerce, l'intérêt public , que la compagnie a mis en avant
pour solliciter l'ordonnance du 5 mars ? Elle prévoyait
aussi , ou devait prévoir l'augmentation des capitaux et
le renchérissement des denrées , qui , dans le décret du
16 mars 1810 , est le prétexte allégué pour motiver un
jour l'augmentation des tarifs.

Quoique l'abolition du monopole de la compagnie ,
quant au voiturage exclusif à elle concédé par la charte
de 1638 , fût évidemment dans l'intérêt du commerce ;
le parlement de Paris hésita long-temps à consentir à

la conversion , et à enregistrer les lettres patentes de 1642 ; ce ne fût que sous le règne suivant, le 20 juillet 1651, après un espace de plus de 8 années, qu'il enregistra ces lettres.

On y voit qu'avant de procéder à l'enregistrement , le parlement , par un arrêt du 6 août 1649 , avait ordonné la *communication* des tarifs au prévôt des marchands et échevins de Paris , aux douze marchands fréquentant les rivières de Seine et Loire , qui seraient nommés d'office par le procureur général du roi , pour donner leur avis sur le contenu desdites lettres , et dire ce que bon leur semblerait.

En outre, on entendit dans l'enquête , (l'arrêt en fait foi , plusieurs marchands , voituriers , faisant trafic des marchandises)', contenues auxdits tarifs.

Un conseiller de la cour dressa procès-verbal de tous les avis.

Ils furent communiqués au représentant de la compagnie pour y répondre ; et celle-ci en profita.

La cour se fit représenter les lettres de voitures ; elle reçut l'intervention de vingt-trois marchands , et autres parties intéressées dans la substitution des tarifs.

Elle entendit enfin le procureur général ; et c'est après toutes ces solennités si religieusement accomplies , et qui pouvaient bien tenir lieu d'une LOI de l'état , si toutefois il n'y avait pas consentement réciproque , que le parlement de Paris ordonna l'exécution des lettres et des tarifs annexés ; mais comme on prévoyait la tendance de la compagnie à réclamer de nouveaux droits, la cour a dit, enfin de son arrêt, « à la charge, qu'eux , « (les concessionnaires) et leurs commis , ne pourront

3

« à l'avenir exiger *plus grands droits* que ceux qu'ils
« ont levés depuis 1642 , pour *quelque cause et occasion*
« *que ce soit* , à laquelle fin sera mise et attachée à un
« poteau , une pancarte , sur les ports dudit canal, con-
« tenant ladite taxe, laquelle pancarte sera signée du
« greffier de la cour , et à la charge aussi qu'ils ne pour-
« ront donner aucune préférence aux bateaux qui passe-
« ront sur le canal. »

Quelle différence entre ces formes solennelles et la
manière dont l'ordonnance du 3 mars 1825 a été rendue !

Si cette ordonnance , par les circonstances qui l'ac-
compagnent , ne faisait pas exception à ce qui se fait
tous les jours , et si nous ne savions d'ailleurs que les
ordonnances royales sont préparées avec plus de matu-
rité , et soumises au moins à la discussion du Conseil d'é-
tat , nous pourrions demander ce que nous avons gagné
à l'établissement du gouvernement représentatif , et si
l'organisation des pouvoirs politiques est telle , que les
intérêts généraux soient toujours sûrs de l'emporter sur
les intérêts privés !

S'il dépendait de la volonté d'un commis de rédiger
un projet d'ordonnance , et en trompant un ministre du
roi sur le fait et sur l'étendue de ses pouvoirs, de la
faire exécuter à l'égal d'une loi, c'est bien vainement
que la charte aurait institué deux chambres pour con-
courir, avec V. M. , à la confection des lois , et des
tribunaux pour prononcer sur les contestations qui
peuvent s'élever entre les citoyens et les concessionnaires des canaux !

Heureusement, il n'est, selon l'expression de M. LAINÉ,
ministre d'état, organe de la commission des canaux, *il
n'est ni d'un rapport, ni d'une ordonnance, ni même*

*d'une loi, de diminuer ou d'accroître les obligations d'un
contrat de cette nature.*

La condamnation des prétentions de la compagnie du
canal de Briare est écrite dans ses paroles ; elle sera
toujours ramenée à l'exécution du contrat primitif.

Voyons maintenant quel est le contrat qui régit les
canaux d'Orléans et de Loing.

§ II. *Canaux d'Orléans et de Loing.*

Nous réunissons ces deux canaux sous un seul para-
graphe , parce qu'ils appartiennent à un seul concessionnaire , et que leur sort est commun ; ils ont été établis
par deux édits, l'un de 1679 et l'autre de 1719.

Par le premier de ces édits , Sa Majesté a substitué
la maison d'Orléans à l'entreprise commencée par
un sieur Brebière , *Robert-Mathieu* , pour faire com-
muniquer la Loire à la rivière de Loing , sous Montargis, et lui a accordé par une double grace, la propriété entière et perpétuelle de ce canal , bien que le
fond en appartienne à l'état , d'abord par la seule force
des principes , et ensuite parce que le canal a été fait en
partie avec les terres de l'apanage de cette maison , qui
sont sujettes au droit de réversion , en cas d'extinction
de la descendance directe et masculine du prince.

Par l'art. 3 de cet édit , il fut accordé au prince apa-
nagiste et concessionnaire , les *mêmes droits* de passage
de Loire en Loing , dont jouissaient déjà les propriétaires du canal de Briare , d'après les tarifs ci-dessus ana-
lysés ; et il fut dit expressément qu'à l'égard des marchandises qui passeront sur une partie du canal , le droit
ne sera payé qu'en proportion de la distance parcourue.

3.

Par l'art. 12., l'état a même renoncé, en faveur du commerce, à établir aucuns péages ni droits quelconques, soit à l'entrée, soit à la sortie du cânal.

Cet édit a été enregistré au parlement, le 26 mars 1680, après une enquête de *commodo* et *incommodo*, taut à Paris qu'à Orléans, et avec la condition de ne pas percevoir de plus grands droits; on entendit dans cette enquête le prévôt des marchands et échevins de Paris; il y eut une opposition de la part de Hugues et consorts, et l'édit ne fut enregistré que sous la réserve des droits de ces opposans.

On dit que le canal a coûté 8 millions; (Huerne de Pommeuse, Mémoire sur les canaux, pag. 418) mais il procure indépendamment de la taxe, un excellent débouché aux produits de la forêt d'Orléans.

En 1719, sous la régence d'un prince de la maison d'Orléans, et *de son avis*, Louis XV n'avait alors que neuf ans, il fut accordé à cette maison, en compensation des travaux de canalisation de la rivière de Loing, depuis Montargis jusqu'à son embouchure dans la Seine, c'est-à-dire à la suite des canaux de Briare et d'Orléans, de percevoir les droits déjà établis sur ces deux canaux, ce qui a doublé la dépense pour le commerce.

Il est à remarquer, d'après le préambule même de cet édit, que c'était le commerce qui avait demandé cette canalisation, et que c'était le duc d'Orléans, régent, qui s'adjugeait la concession à lui-même, en écartant les concurrens.

Ce canal, terminé en 1723, et auquel on employa plusieurs régimens, n'a coûté que 2 millions 500 mille francs, et il rapporte dans des années le tiers de la dépense primitive. (Huerne de Pommeuse, Mémoire sur les canaux.)

Le parlement n'enregistra ces dernières lettres patentes, (le 13 avril 1720) qu'avec les précautions accoutumées, et sous les conditions que les tarifs des droits à percevoir seraient vérifiés en la cour.

Il est stipulé que toutes contestations relatives au paiement des taxes seront portées devant les tribunaux ordinaires.

Cette clause n'avait pas besoin d'être écrite sans doute, car tel est le droit commun ; mais il est bon qu'elle existe, parce qu'elle fournit une excellente réponse contre ceux qui voudraient que l'autorité administrative devînt juge de l'application des tarifs : et parce qu'elle interdit à la compagnie le droit de chercher à paralyser l'action de la justice.

Tels sont les contrats qui régissent les canaux d'Orléans et de Loing.

L'idée ne serait jamais venue d'augmenter ces tarifs si les évènemens de la révolution n'avaient fait entrer ces canaux par voie de confiscation dans les mains de l'état, et si on n'avait cru y trouver un moyen, à une époque où les caisses publiques étaient vuides, de faire ressource.

Le 16 janvier 1797 (27 nivose an 5), on augmenta tous les droits par une loi qui reçut quelques modifications, en ce qui concerne les bateaux de charbon de bois, le 22 mai 1799 et années suivantes.

La compagnie du canal de Briare profita indirectement de cette augmentation, à laquelle elle n'avait aucun droit, puisqu'elle était resté propriété privée, on s'attribua le 15ᵉ des nouveaux droits.

Du reste, dans ces nouveaux droits, il n'est pas question d'un droit de séjour. On respecta au moins en ce point le contrat originaire.

L'augmentation des tarifs était un mal sans doute; mais alors elle tournait à la décharge des contribuables, puisqu'elle était versée au trésor. L'idée de se faire un revenu public des canaux et des lignes navigables, fut même généralisée par une loi du 20 mai 1802, et M. *Chaptal*, qui, comme ministre de l'intérieur, a été à même d'apprécier les effets de cette loi, n'hésite pas à déclarer que ce fut et que ce sera toujours un mauvais calcul. Les chambres et le gouvernement (1) partagent aujourd'hui cette opinion, puisqu'on a déjà commencé à supprimer plusieurs de ces droits.

Le bail des canaux, qui avait été fait en exécution de la loi de 1797, et qui rapportait annuellement 810,982 fr. (non compris le canal de Briare), fut cassé le 1ᵉʳ septembre 1807, par un acte de propre mouvement du chef du dernier gouvernement.

Les fermiers demandèrent des indemnités qu'on leur refusa par un second décret du 10 septembre 1808, et cette demande reproduite en 1816, fut encore écartée malgré qu'il paraisse exister de pressans motifs d'équité qui l'appuient; le gouvernement a donc pensé que l'intérêt général devait passer avant tout, même quand il

---

(1) Voy. ci-après l'analyse de l'opinion de M. Becquey, son organe, comme directeur général des ponts et chaussées.

froisse les intérêts privés. Ceux qui ont rédigé l'ordon-
dance du 3 mars 1825, au contraire, ont sacrifié l'intérêt
général à l'intérêt particulier.

Les canaux d'Orléans et de Loing, au reste, ne sont
pas restés long-temps une propriété publique.

Par une série de décrets, des 17 mars 1808, 10 août
et 23 décembre 1809, 17 janvier 1810, et par un acte
du 28 février 1810 (qui n'ont vu le jour que depuis
quelques années), l'ancienne liste civile s'est emparée
d'abord de 300 actions, puis de la totalité de la propriété de ces canaux, estimée dès-lors 17 millions ; on
la fit passer dans le domaine extraordinaire, qui,
comme on sait, n'était qu'une seconde liste civile dé-
guisée, celle qui servait aux largesses de l'ancien chef
du gouvernement.

En passant ainsi des mains de l'état dans celles des
particuliers, les revenus du canal, au lieu de venir à la
décharge des contribuables, se trouvaient absorbés
dans des mains privées.

Dès-lors, on devait stipuler quelques garanties dans
l'intérêt public. Il fut dit, par l'art. 8 d'un décret du
10 mars 1810, que la compagnie ne pourrait faire percevoir d'autres droits que ceux exprimés aux tarifs alors
existant, et qu'il n'y serait rien changé avant l'expira-
tion de trente années, c'est-à-dire avant 1840.

Mais de quel droit, après s'être emparé d'une propriété publique et après en avoir disposé à sa volonté, le chef du gouvernement d'alors se donnait-il à
lui-même de prendre dans la poche des contribuables, pour augmenter le prix de ses faveurs particu-
lières ?

Au reste , la Restauration est arrivée avant qu'il ait usé ou abusé d'un si étrange pouvoir.

La Restauration a replacé les pouvoirs publics dans leur sphère naturelle , et a restitué à la puissance législative tous ses droits. Depuis cette époque jusqu'à ce jour, aucune taxe , aucun tarif de navigation n'ont été établis ou révisés qu'avec le concours des deux chambres ; et tel a été le respect du gouvernement de V. M. pour ce grand principe, qu'il a demandé ce concours dans la session de 1825, même pour supprimer un droit de navigation.

A plus forte raison ce concours est-il nécessaire pour établir de nouvelles taxes, qui , après tout , retombent sur les consommateurs, c'est-à-dire sur la généralité des citoyens , et ont ainsi par là même le caractère d'un impôt.

S. A. R. monseigneur le duc d'Orléans a retrouvé , dans la restauration, une partie des actions des canaux d'Orléans et de Loing , dont sa maison avait été dépouillée par l'effet des évènemens de la révolution.

Ce prince aurait pu soutenir , avec juste raison , que la propriété de ces deux canaux n'avait été que fictivement aliénée par les actes clandestins de 1809 et de 1810; que la liste civile et le domaine extraordinaire n'en ayant pas payé le prix et n'étant d'ailleurs que des caisses publiques, les possédaient pour et au nom de l'Etat, et en demander la restitution en nature.

Dans ce cas , ce prince aurait repris les deux canaux avec leurs tarifs anciens et sans aucune augmentation , comme le canal de Briare.

L'Etat aujourd'hui n'aurait point d'indemnité à payer

à ce prince, et le commerce, c'est-à-dire les contribuables, auraient profité de cet allègement.

Malheureusement il y avait des intérêts privés enga-
gés dans la question. Nos braves légionnaires, d'illustres
guerriers, des familles recommandables par les services
rendus à la patrie, étaient devenus cessionnaires et
avaient été mis en possession d'un certain nombre
d'actions.

Il n'était donc pas possible, lorsque l'État ne ren-
dait au prince d'Orléans qu'une portion de sa fortune,
de rétablir les anciens tarifs. C'est ainsi qu'il s'est trouvé,
par une sorte de compensation, profiter de l'augmentation que ces tarifs ont subis en 1797.

Mais aujourd'hui, que par la loi du 27 avril 1825,
ce prince va être indemnisé de sa perte, il est de toute
évidence que ce qui n'était alors que justice va devenir
faveur.

Il en résulte que, bien loin d'avoir droit à l'augmentation opérée par l'ordonnance du 3 mars 1825, la
maison d'Orléans, pour la portion restituée en nature
dans les canaux d'Orléans et de Loing, devrait subir
une réduction proportionnelle.

*De ce qui a précédé la publication de l'Ordonnance du
3 mars 1825.*

C'est ici le lieu de faire connaître comment la nouvelle taxe a été introduite; on va voir que l'illustre
maison d'Orléans n'y est pour rien, et qu'elle désavoue
une augmentation qu'elle n'a pas demandée, et qui de-
vient onéreuse au commerce.

La compagnie du canal de Briare dut être singuliè-

rement jalouse de voir les tarifs des canaux d'Orléans
et de Loing subir une forte augmentation , tandis que
les siens restaient fixés conformément au contrat primitif de 1642.

Aussi n'a-t-elle cessé de travailler à les augmenter;
elle s'est appuyée de l'influence bien naturelle, que
l'administration de la Légion-d'honneur et les dona-
taires du domaine extraordinaire devaient exercer sur
les conseils du gouvernement, pour être traitée sur un
pied d'égalité parfaite , bien que la loi de 1797 lui fût
entièrement étrangère , ainsi que le décret du 16 mars
1810.

On a la preuve que c'est la compagnie du canal de
Briare qui a pris l'initiative.

Au mois de septembre 1823 , elle a *seule* fait placar-
der , sur les abords de son canal, un avis sans date,
concernant le stationnement du charbon de bois et de
terre.

Après de longs considérants sur les prétendus abus
de ce séjour, et les dommages en résultant pour le
canal, elle s'est permis, par un art. 7, d'établir un
droit de 25 centimes par jour, sur chaque bateau sta-
tionnaire. C'est celui-là même que l'ordonnance vient de
consacrer.

Rien n'était plus illégal qu'une taxe de navigation établie par des particuliers , sans le concours de l'autorité
législative , sans même en avoir donné avis au gouvernement.

Rien n'était plus frivole que le prétexte ; car les rè-
glemens sur la police du canal (et ils sont anciens et
nombreux) , ont prévu tous les cas possibles d'abus ; il
était facile d'en réclamer l'exécution auprès des fonc-

tionnaires chargés de cette partie de la police publique.

Mais la compagnie s'est donné bien garde de dénoncer ces abus prétendus; elle a préféré les *exploiter*, oubliant que si l'ordre public en est troublé, il n'appartient pas à des particuliers de transiger à cet égard.

Aussitôt que le commerce fut informé de cette entreprise isolée de la compagnie du canal de Briare, il réclama; des mesures conciliatrices furent tentées; diverses réunions eurent lieu dans leur salle d'assemblée, Vieille rue du Temple. Dans la discussion, quelqu'un représenta que le tort de la compagnie du canal était d'autant plus grave, que le principal intéressé dans le canal d'Orléans s'abstenait d'établir aucun droit semblable. C'est alors que l'un des membres répondit qu'il était du conseil du personnage que l'on venait de désigner, et qu'il saurait bien lui persuader de les imiter.

Mais l'ordonnance donne un démenti à cette bravade; la maison d'Orléans n'en a point sollicité l'établissement.

S. A. R. est trop amie du commerce et du bien public, pour réclamer un droit qu'elle sait très bien ne pas lui appartenir par l'effet de son titre; si à une époque où nulle indemnité n'était accordée aux victimes des confiscations, sa maison a profité de l'accroissement des tarifs, elle se trouve désintéressée aujourd'hui, que par la loi du 27 avril 1825, elle va recouvrer le prix des actions qui ont été confisquées.

Ce prince ne demande aucun privilège; il met sa gloire à suivre le droit commun, et à y rester.

L'ordonnance du 3 mars ne vise qu'une lettre du grand chancelier de la Légion-d'honneur. Mgr. le duc d'Orléans n'a donc point adressé de demande. Cet exemple de modération aurait dû être imité.

Nous ne savons par quels moyens la compagnie du canal de Briare est parvenue à déterminer l'administration de la Légion-d'Honneur a élever cette réclamation.

Les rapports imprimés de la Légion-d'Honneur, qui ont été distribués aux chambres, non-seulement ne font nulle mention de la réclamation poursuivie en son nom, mais encore de l'augmentation de revenu. On se borne à porter les actions au budget, pour leur produit accoutumé.

Est-ce qu'on aurait eu l'art d'obtenir auprès de M. le grand-chancelier de la Légion-d'Honneur, le même privilége qu'auprès de S. Ex. le ministre des finances, celui de surprendre une telle décision, au milieu des occupations multipliées du chef d'administration?

Au reste, plus l'administration du canal de Briare a pris à tâche de cacher ses démarches, plus elles deviennent évidentes; plus elle a cherché à s'effacer, plus sa présence est visible.

Car, si elle n'était pour rien dans la réclamation, il est hors de doute que le droit nouveau n'eut été établi que sur les canaux de Loing et d'Orléans, dans lesquels la Légion-d'Honneur est intéressée. Le canal de Briare serait étranger à la mesure comme il l'a été à la loi de 1797; si elle s'est tenue à l'écart, c'est qu'elle n'a pas voulu prendre la responsabilité morale des prétextes, dont elle s'est servie pour surprendre la religion des autorités supérieures. On sentait bien qu'une réclamation faite au nom de nos braves légionnaires, privés d'une partie des dotations acquises par le sang qu'ils ont versé pour la patrie, se présentait avec un caractère de faveur qui repousse toute idée d'un calcul mercantile, d'une spéculation faite au préjudice de l'intérêt général.

Elle devait paraître au ministre, auquel la demande était adressée, dégagée de toute influence particulière, et dictée uniquement par le sentiment d'un droit acquis et non contesté.

DISCUSSION.

Le moment est venu d'établir la surprise faite au ministre et à l'autorité royale :

La voie de l'opposition a toujours été ouverte contre les actes du gouvernement, qui sont l'effet de la surprise et de l'erreur.

Les *Lettres patentes accordées à des corps et à des particuliers*, (disent les auteurs de l'ancien Répertoire : V° *lettres patentes*) *sont susceptibles d'opposition*, lorsqu'elles préjudicient à des tiers.

Dans le langage de l'ancienne jurisprudence, on appelait *obreptices*, les concessions obtenues à l'aide de réticences, sur des vérités qu'il était nécessaire de faire connaitre, et *subreptices*, les concessions surprises à l'autorité royale, en avançant des faits contraires à la vérité.

« Tout espèce de surprise, soit volontaire, soit invo-
« lontaire, produit la nullité de la faveur obtenue du
« prince, parce qu'il est toujours vrai que *la concession*
« *repose sur un fondement vicieux, qui, probablement,*
« *a déterminé à l'accorder.* (1) »

---

(1) Répertoire de Jurisprudence. V° *Obreption.*

Or, rien de plus facile que de démontrer ici la double surprise.

On a allégué que le droit de séjour dans les canaux existait, et qu'il ne s'agissait que de le confirmer.

Cette assertion mensongère est écrite dans l'art. 1er de l'ordonnance.

« Les compagnies propriétaires des canaux de Briare, « d'Orléans et de Loing, sont autorisées à *continuer* de « percevoir le droit fixé à 25 cent. par jour, etc. »

Or, en fait, ce droit de séjour n'était point encore perçu sur les canaux d'Orléans et de Loing ; il ne l'était sur le canal de Briare que par une voie de fait ; mais il résulte d'actes extrajudiciaires des 15 février 1825, et de beaucoup d'autres, antérieurs à peine de quelques jours à l'ordonnance du 3 mars, que, non-seulement le droit était contesté ; mais qu'on ne le *payait pas*.

L'inspecteur de la navigation à la résidence de Montereau, avait ordonné aux agens de la compagnie de laisser passer les bateaux, retenus pour défaut de paiement.

Si donc, on avait exposé au ministre le véritable état des choses ; si on lui avait dit qu'il s'agissait, non de protéger la perception d'un droit *ancien* consacré par les titres, mais d'en établir un *nouveau*, ce ministre eût suspendu son jugement ; il aurait fait examiner, et de cet examen serait résulté la preuve que le droit nouveau était une véritable concussion de la part des propriétaires du canal de Briare.

Cette première surprise est donc matérielle.

On a exposé au ministre que l'art. 31 du décret du 22 février 1813, dont on a eu l'air de copier *les termes mêmes*, disait : *qu'aucun bateau en vidange ou autres ne pourraient séjourner dans les canaux d'Orléans et de Loing que le temps nécessaire, soit pour en faire le parcours, soit pour y prendre ou compléter son chargement.*

Loin que l'art. cité du décret de 1813 s'exprime en ces termes, et contienne cette prohibition, il dit tout le contraire.

Aucun bateau en vidange, ou autre (ce sont ses propres termes, et non ceux du rédacteur de l'ordonnance du 3 mars 1825), *ne pourra séjourner dans les canaux qu'à 40 mètres de distance au-dessus et au-dessous des écluses. Ceux à mettre en gare, le seront dans les lieux désignés par les ingénieurs et indiqués par l'éclusier le plus voisin.*

Donc, au-delà de 40 mètres des écluses, on peut y séjourner; donc, on fait dire à ce décret ce qu'il ne dit pas; donc, on s'autorise d'une disposition, en apparence législative, pour en tirer une conclusion absolue qui n'y est pas, et pour asseoir un droit nouveau.

Lorsqu'on a soumis au ministre des finances une pareille rédaction, S. Ex. pouvait-elle s'apercevoir qu'on la trompait? il aurait donc fallu qu'elle eût vérifié elle-même le texte de l'art. 31.

Le ministre a donc été surpris une seconde fois; on lui a fait croire que la demande nouvelle n'était que la conséquence d'un droit déjà établi.

Une autre surprise faite au ministre; et qui est d'une nature bien plus grave, c'est qu'on ne lui a pas fait connaître les actes sous la foi desquels les compagnies ou le prince qui ont exécuté les canaux de Briare, d'Orléans et de Loing, ont consenti à s'en charger; en un mot, les édits et lettres patentes qui forment le *contrat primitif.*

(32)

La preuve qu'on a dissimulé le contrat, c'est que
l'ordonnance du 3 mars 1825 n'en fait pas mention ;
si on a mis le décret du 22 février 1813 sous les yeux
de S. Ex., ce qui est fort douteux, la surprise est tout
aussi évidente ; ce décret ne vise que les lettres patentes
de 1679 et de 1719. Or, les tarifs sont fixés pour les
trois canaux par l'édit de 1642.

Si ces actes essentiels, les seuls qu'il y eut a consul-
ter avaient été joints au dossier et mis sous les yeux de
S. Ex., elle y aurait vu, non-seulement que le droit
de séjour ou de stationnement n'est point autorisé par
les actes primitifs qui lient les compagnies envers l'état
et envers le commerce, mais encore, que l'établissement de ce droit est formellement interdit.

Une nouvelle preuve de la surprise se tire de la date
même de la signature de l'ordonnance. S. Ex. alors (le
3 mars 1825), était chargée de soutenir dans les chambres tout le poids de la discussion de la loi des rentes,
et de la loi d'indemnité. En ce moment, les travaux de
la session étaient les plus actifs, où le ministère devait
tous ses soins, toute son attention, tout son temps à
cette discussion.

S. Ex. le ministre des finances pouvait-il alors se li-
vrer à une discussion approfondie de la proposition qui
lui a été faite, et qu'y a-t-il de si étonnant qu'il se soit
trompé sur les faits et sur les principes ?

Nous ne croyons pas faire injure à ce ministre en di-
sant qu'il n'a connu ni les uns ni les autres, et que s'il
a soumis à V. M. l'approbation de l'ordonnance, il a
complètement ignoré quels principes se trouvaient en-
gagés dans la question.

Au reste l'ordonnance elle-même est vicieuse dans sa forme.

Une ordonnance qui statue sur l'établissement d'un droit de navigation, sur le régime d'un canal, est bien certainement un réglement d'administration publique ; or, l'ordonnance du 19 avril 1817, exige que des actes de cette nature soient soumis à la délibération du conseil d'état (1).

L'ordonnance du 3 mars 1825 est un acte de propre mouvement ; il a été glissé furtivement dans le porte-feuille du ministre.

Si le conseil d'état avait été consulté sur une pareille ordonnance, aurait-il laissé passer des erreurs de fait et de droit aussi graves que celles que nous venons de signaler ?

Aurait-il manqué de se reporter aux contrats primitifs, et de s'entourer de toutes les lumières imaginables ?

Nous savons comment on procède dans les comités du conseil d'état, dans une affaire de cette importance ; on consulte la chambre du commerce, on demande à

---

(1) Texte de l'art. 6 de cette ordonnance :

« Tout projet de loi ou ordonnance portant réglement d'administration publique, qui, conformément à l'art. 11 de l'ordonnance du 23 août 1815, aura été préparé dans un des comités établis près de l'un de nos ministres secrétaires d'état, devra ensuite être délibéré au Conseil d'état, tous les comités réunis et tous les ministres secrétaires d'état ayant été convoqués.

» Les ordonnances portant réglement d'administration publique, devront porter dans leur préambule ces mots : *notre Conseil d'état entendu.* »

M. le préfet de police l'avis des syndics des marchands et l'opinion des autorités chargées de la surveillance de la navigation et de l'approvisionnement de Paris.

Cette affaire était de la compétence exclusive du comité de l'intérieur et du commerce. Ce comité aurait-il négligé de demander à M. le directeur général des ponts et chaussées son avis et celui du conseil éclairé qui est sous ses ordres ? N'est-ce pas même par le canal de cet administrateur, que la demande aurait dû parvenir au ministre compétent, avant de recevoir la formalité d'une ordonnance royale ?

Comment, si l'on ne préparait pas une surprise, a-t-on pu s'adresser au ministre des finances ? Est-ce que la surveillance, la police et les droits sur la navigation intérieure sont dans ses attributions ? Ne sont-elles pas au contraire exclusivement dans celles de S. Ex. le ministre de l'intérieur ?

Où est là loi qui a donné pouvoir au ministre des finances de s'immiscer dans une matière qui est du ressort d'un autre département ?

Serait-ce parce qu'il s'agit d'un droit à percevoir ? Mais ce n'est pas l'état qui le perçoit, ce sont les compagnies ; il n'en entre pas un sou au trésor ; au contraire, le gouvernement qui, comme dit M. *Chaptal*, est le plus grand consommateur, supportera une portion notable de la taxe.

Serait-ce parce que M. le ministre des finances est président du conseil ? mais cette présidence ne lui donne pas le droit de s'emparer des attributions des autres ministres. S. Ex. n'est que *primus inter pares*. Serait-ce parce qu'il s'agit de la Légion-d'honneur, dont, l'administration n'est dans les attributions d'aucun ministre en particulier? mais, quand la Légion-d'honneur fait valoir des intérêts privés, et se présente, non comme administration, mais comme partie, il faut qu'elle s'adresse aux autorités compétentes ; elle n'est pas dispensée par exemple, de paraître devant les tribunaux.

Ce n'était pas la Légion-d'honneur qu'il fallait voir dans la réclamation, mais les canaux de Briare, d'Orléans et de Loing, demandant une révision ou augmentation de leurs tarifs

L'ordonnance porte donc tous les caractères de la surprise ; elle est dans toute la force de l'expression *obreptice et subreptice*, elle est donc frappée d'une nullité radicale et absolue ; et les droits que l'on a pu percevoir et que l'on pourra percevoir seront restituables et restitués.

Le prétexte dont on s'est servi est misérable ; car de deux choses l'une ; ou le stationnement dans les canaux est inconciliable avec leur conservation ; et alors personne ne doit le tolérer ; c'est un abus qu'il faut réprimer, et les compagnies n'ont pas le droit d'exploiter cet abus à leur profit.

Car les canaux sont une propriété publique ; l'État a droit de les reprendre.

Ou ce qui est bien plus vrai, le stationnement à la distance des écluses exigées par le décret de 1813, ne nuit en rien au canal, et alors pourquoi le prohiber?

Quand le stationnement produirait un léger inconvénient, ne serait-il pas compensé par les immenses avantages qui en résultent pour la chose publique?

5.

Puisque la compagnie offre à qui le veut de séjourner dans les canaux en lui payant un droit , on doit en conclure hardiment que ce séjour ne cause aucun tort réel au canal ; que ce n'est pas une aggravation véritable de son service; que c'est sa propre et originaire destination.

On dit, dans l'exposé de l'ordonnance , que le *séjour* des bateaux prive les compagnies de la jouissance de la pêche , et les empêche de l'affermer , comme si les filets ne pouvaient être jetés à cause de quelques bateaux qui séjournent le long des bords , et comme si le droit de pêcher pour un bon père de famille , consistait dans la faculté de détruire entièrement le poisson !

Non , tous ces motifs sont des prétextes ; ce qu'a voulu la compagnie de Briare, c'était un droit nouveau.

Elle a lu dans l'art. 8 du décret du 16 mars 1810, qui cependant n'a pas été fait pour elle , qu'un jour viendrait où l'on procéderait à une augmentation des tarifs ; elle n'a pas voulu qu'on attendît l'année 1840, elle a cru qu'il suffisait de faire solliciter pour obtenir ; elle l'a fait ; mais c'est ici que s'élève la grande question de savoir si ce droit , aujourd'hui, peut être accordé , même quand il en existerait des motifs plus plausibles que ceux qu'on allègue , et si au contraire , ce n'est pas le cas, puisque la discussion s'élève , de ramener les compagnies à l'exécution pure et simple de leurs contrats primitifs.

Il importe de traiter cette question, dans un moment où le gouvernement multiplie les concessions de ce genre.

Le temps peut-être n'est pas éloigné où , trompés dans

lcurs calculs, ou dans leurs espérances secrètes, des compagnies viendront, sous un prétexte ou sous un autre, réclamer des augmentations.

S'il y avait possibilité de les obtenir par un acte du gouvernement; si la surprise faite par l'ordonnance du 3 mars 1825, n'était pas réparée, qui peut douter que la faveur et le crédit ne parvinssent tôt ou tard à renverser la barrière qu'on a voulu leur opposer en faisant un contrat?

Ceux qui ont des concessions temporaires, demanderont des prorogations de jouissance, comme on l'a déjà vu plus d'une fois (notamment pour le canal de Givors), parce que c'est le moyen le plus facile et le moins sensible au public; l'intérêt de l'état est toujours compté pour peu de chose par les personnes en crédit.

Ceux dont les concessions sont perpétuelles demanderont des augmentations de droits, et ils ne seront pas embarrassés de les motiver sur de prétendus abus; sur la violation de quelque réglement de police locale.

S'il ne faut pour réussir que la faveur d'un commis, si les conseils ordinaires des ministres du roi et du gouvernement de V. M., si les chambres de commerce, si l'administration des ponts et chaussées, si les comités du conseil d'état ne sont pas consultés, si même on peut comme on l'a fait ici, recourir à un ministre incompétent, aucune compagnie ne doit désespérer d'améliorer sa condition; il n'y aura plus de contrat inviolable.

Il n'y aura plus d'autre remède que d'ordonner des révisions générales, comme on l'a fait de siècle en siècle depuis l'origine de la monarchie.

C'est en vain que M. le directeur général des ponts et

chaussées se sera vanté dans son rapport sur les canaux, approuvé par décision royale du 16 avril 1820, de faire participer la presque totalité du royaume aux bienfaits d'une bonne navigation et de seconder ainsi puissamment le mouvement de l'industrie agricole et manufacturière, de multiplier les échanges et d'accroître ainsi la richesse publique (1). Si les compagnies exécutantes se servent de leurs concessions pour opprimer l'industrie, les canaux ne seront plus qu'un moyen nouveau de grever la France d'impôts, et de placer partout des entraves à la circulation.

C'est même préparer l'anéantissement des canaux; car l'élévation des taxes, au lieu d'augmenter les produits, les fait diminuer en éloignant ceux qui pourraient y naviguer.

Les compagnies, si elles entendaient bien leur intérêt, devraient plutôt baisser qu'élever leurs tarifs; car les bateaux sont rares sur les canaux de Briare, d'Orléans et de Loing; on est étonné dans le temps où nous vivons, où les départements sont surchargés de produits de toute espèce, de parcourir plusieurs lieues sans en apercevoir un seul, tandis que les canaux d'Angleterre sont tellement fréquentés, qu'on est obligé de prendre des mesures de police, pour régler l'ordre de passage.

Rien n'est plus destructif pour les canaux, que le défaut d'occupation; le passage des bateaux, au contraire, en leur donnant une espèce de courant, opère un cu-

____

(1) Page 6.

(39)

rage naturel , fait périr les herbes qui les obstruent ,
et contribue ainsi à leur entretien.

M. le directeur général a entrevu (1) dans la multi-
plicité des canaux, une économie annuelle de six millions
pour le Trésor, en ce que les routes seront moins sur-
chargées et moins susceptibles de se détériorer par un
roulage destructeur.

Ils ont donc bien mal consulté l'intérêt de l'état,
ceux qui par l'ordonnance du 3 mars, non seulement
créent un impôt sur le commerce et les consommateurs , mais obligent les voituriers à préférer la voie de
terre.

Non, cela est impossible; M. le directeur général a
rappelé qu'en Angleterre, la loi donne, soit aux riverains, soit aux concessionnaires, soit au roi, un moyen
bien facile d'obtenir justice contre l'abus que les compagnies peuvent être tentées de faire de leurs concessions; la loi a établi le simple recours devant le juge de
paix.

Il en est de même en France. Toute perception établie
sur les citoyens , autre que celle formellement sanctionnée par une disposition législative , est, aux termes de
l'article final de toutes les lois de finances, interdite comme une concussion (2).

____

(1) Page 6.

(2) Art. 7 de la loi du 15 juin 1825.

« Toutes contributions directes ou indirectes, autres que celles autorisées par la présente loi, à quelque titre et sous quelque dénomination
qu'elles se perçoivent, sont formellement interdites, à peine, contre les
autorités qui les ordonneraient, contre les employés qui confectionne-
raient les rôles ou tarifs, et ceux qui en feraient le recouvrement, d'être

(40)

Et comme le législateur a senti que presque toujours ces entreprises seraient favorisées , ou autorisés par des actes de l'autorité publique ou des fonctionnaires , elle a pour ce cas particulier dérogé à la nécessité d'une autorisation du conseil d'état.

Elle a porté la prévoyance jusqu'à punir non-seulement la perception , mais la simple autorisation de percevoir.

Vainement donc les compagnies de Briare s'autoriseraient de l'ordonnance surprise à S. Ex. le ministre des finances et par suite, à V. M., pour percevoir les nouveaux droits.

Il y a droit de résistance , et même la loi fournit les moyens pour se faire restituer , pendant trois ans, ce qui a été induement payé.

Il n'y a donc point de conflit à craindre : les questions de perception de péage sont du ressort exclusif des tribunaux.

Ceux-ci ne peuvent en ordonner le paiement qu'autant que le droit est formellement sanctionné par une loi.

Or, une ordonnance n'est pas une loi ; celle du 3 mars est une dérogation aux contrats primitifs de 1642 , 1679 et 1719 : c'est un excès de pouvoir, une illégalité manifeste.

Les anciens comme les nouveaux principes sont d'accord sur ce point.

---

poursuivis comme concussionnaires , sans préjudice de l'action en répétition, pendant trois années, contre tous receveurs, percepteurs ou individus qui auraient fait la perception, et sans que, pour cette action devant les tribunaux , il soit besoin d'une autorisation préalable. »

La cour de cassation, par arrêt du 6 février 1825,
a cassé un jugement du tribunal de paix du Hâvre, pour
avoir ordonné la perception d'une taxe établie par l'autorité du préfet, pour l'inspection de la salubrité des
viandes.

« Considérant que la loi du 24 août 1790, autorise les
officiers municipaux à faire des réglemens pour les objets
qu'elle détermine, et notamment pour le débit et la sa -
lubrité des comestibles exposés en vente publique ; mais
qu'aucune loi ne leur permet d'établir des taxes pour
l'exécution de ces réglemens ; qu'au contraire, l'art. 32
de la loi du 28 avril 1816, maintenu par les lois postérieu-
res, interdit formellement toutes contributions directes
ou indirectes, et sous quelque dénomination que ce
soit, autres que celles autorisées par cette loi ;

«Considérant que la taxe dont il s'agit est une contri-
bution de cette nature ; que cependant le jugement at-
taqué condamne le demandeur à la payer ; ce en quoi il
a violé l'art. 32 de la loi du 28 avril 1816 ; faussement
appliqué l'art. 3, n° 4, titre 11 de la loi du 24 août
1790, et commis un excès de pouvoir, etc. »

Le principe n'est pas différent quand il s'agit d'une
ordonnance ; car ce n'est pas la qualité du fonction-
naire qui a ordonné la taxe, que la cour a considéré,
mais la nature de la perception.

En défendant ces principes, les commerces de charbon de bois et de terre ne traitent pas seulement une
question personnelle ; c'est encore un devoir public
qu'ils remplissent.

Ils seront écoutés d'autant plus favorablement, que
M. le directeur général des ponts et chaussées, dans

6

son rapport déjà cité (1) , a pris soin lui-même de faire ressortir les avantages de la consommation du charbon de terre.

« N'est-ce pas le devoir du gouvernement , dit-il , de
« faire tous ses efforts pour que les diverses contrées
« du royaume puissent jouir de nos charbons de terre ,
« de ce précieux combustible que le territoire français
« recèle en abondance , et qui ne pourra se répandre
« au loin , et féconder toutes nos industries, que par
« le secours d'une navigation complète et perfec-
« tionnée. »

Est-ce par l'établissement d'un droit de stationne-ment qne l'on prétend atteindre ce but si désirable

La houille est devenue une marchandise de première nécessité dans la capitale , où il s'en fait une consom-mation extraordinaire par le nombre toujours croissant des constructions et mines de tous genres.

Avant l'établissement du droit de station, le com-merce de charbon de terre profitait des eaux favorables pour amener dans les canaux une grande quantité de bateaux destinés à l'approvisionnement de Paris pen-dant la saison des basses eaux. Il y en avait toujours d'une année à l'autre. Mais le nouvel impôt, en détrui-sant cette réserve, a occasioné la rareté du charbon de terre qui, de 48 fr. , est monté à 93 depuis le mois de novembre dernier, et, par suite d'une longue séche-resse ou d'un hiver rigoureux, on sera obligé de se fournir de charbon du nord ; alors c'est une industrie étrangère que nous paierons.

---

(1) Page 18.

L'établissement du droit de stationnement n'est pas moins préjudiciable au commerce du charbon de bois.

En effet, les charbons de bois, destinés à l'approvisionnement de la capitale, sont obligés, aux termes des ordonnances et réglemens, d'attendre leur tour de vente.

Les bateaux chargés sur la Loire et l'Allier, tant à cause des mesures de police de navigation qu'en raison de l'insuffisance des gares qui existent sur ces rivières, et du peu de sûreté qu'elles présentent, venaient attendre leur tour dans les larges et biefs des canaux. Aujourd'hui, les bateaux restent exposés sur ces rivières, où plusieurs ont déjà péri, qui eussent été sauvés, si le droit de stationnement ne les eût empêchés de se rendre à Briare.

 Les marchands de charbon de bois, qui chargent sur les canaux, se trouvent dans une position encore plus fâcheuse ; car ils sont obligés de payer un droit de station plus élevé que le droit de navigation accordé aux propriétaires des canaux par leurs lettres-patentes, ou d'exposer leurs bateaux à tous les dangers du stationnement en pleine rivière, et de contrevenir ainsi à l'arrêté de M. le Directeur général des ponts et chaussées, qui défend de descendre à Paris d'autres bateaux que ceux appelés par leur tour de vente et sur un ordre de M. le Commissaire général de la navigation.

Pour donner une idée de l'importance du nouveau droit, il suffira de dire qu'il s'élève à près de 3oo fr. pour un bateau obligé d'attendre sur le canal son tour de vente ; tandis qu'il en coûte seulement 2oo fr. pour la passage. Ceci explique les causes de son établisse-

ment, mieux que les motifs frivoles allégués par les propriétaires des canaux.

L'ordonnance du 3 mars a déjà produit les plus fâ-
cheux effets : les propriétaires de bateaux, au risque de
les perdre, les sortent en masse des canaux ; ils les ex-
posent à périr. Cependant l'expérience a prouvé de
quelle utilité pouvait être, pour l'approvisionnement de
la capitale, cet entrepôt de charbon qui, depuis long-
temps, existe dans les canaux, et que l'on veut détruire
aujourd'hui. En l'an 11, les eaux ayant manqué, le
gouvernement fut obligé de faire mettre en sacs et con-
duire à ses frais, à Paris, tous les charbons de bois sta-
tionnés dans le canal de Loing ; et, quoiqu'il y eût un
approvisionnement de deux ans, ce qui se trouvait dans
le canal fut à peine suffisant pour les besoins de la capitale. Où aurait-elle pris du charbon sans cette réserve ?

Le droit de stationnement oblige ce commerce à réduire ses chargemens, et à donner à ses charbons une
direction qui, par suite, peut essentiellement compro-
mettre l'approvisionnement de Paris.

Et quels sont donc les droits des compagnies, pour
prétendre ainsi à des augmentations? Déjà les tarifs primitifs ont été altérés : la compagnie du canal de Briare en
particulier a obtenu sur son impôt foncier, une énorme
réduction de 58,000 fr., à 6,000 fr., qui sera répartie
sur les autres contribuables.

Ainsi, bien loin d'avoir à se plaindre du gouvernement
sur ses perceptions, c'est le public qui a à se plaindre
d'elle.

Vainement viendrait-elle, en vertu de l'art. 8 du décret
du 16 mars 1810, représenter que les signes monétaires
ont changé de valeur, ainsi que les denrées et objets

de première nécessité, et qu'ainsi le revenu primitif est altéré.

Cette perte est plus que compensée par l'augmentation du commerce; de plus, le produit dont il s'agit était aléatoire, dans l'esprit du contrat primitif. C'est comme si les compagnies exécutant de nouveaux canaux, prétendaient qu'à raison du changement de numéraire, elles doivent obtenir des augmentations; elles ont dû faire entrer l'avenir dans leurs calculs, aussi ces sortes de concessions sont-elles basées, non sur un revenu foncier de deux ou trois pour cent, mais de sept à dix pour cent; il résulte du décret du 16 mars 1810 (1), que les actions des canaux dont il s'agit rapportent sept pour cent; n'est-ce pas un revenu énorme dans un moment où la propriété foncière ordinaire ne produit que trois pour cent, et où S. E. le ministre des finances affirme que l'intérêt est descendu partout au-dessous de cinq pour cent.

Si l'on voulait examiner les titres de leur concession de plus près, on rappellerait qu'aux termes du droit public, antérieur à la révolution, toute concession domaniale était révocable de sa nature; que la faculté de déposséder pour cause d'utilité publique les riverains, et de s'emparer des cours d'eaux et des rivières, dans laquelle ils ont été substitués par les édits de création, implique nécessairement que l'état est propriétaire du très-fond ;

Car jamais un particulier ne pourrait être obligé à sacrifier sa propriété, pour l'utilité d'un autre.

______

(1) Rapport du ministre du trésor public sur le décret du 30 août 1811. Supplément au Bulletin des lois, année 1823, p. 170.

Cette perpétuité de concession pourrait donc être jus-
tement méconnue, et les canaux pourraient être réunis
au domaine d'état.

C'est à quoi on sera obligé d'en venir un jour, si les
compagnies qui administrent les canaux continuent
d'usurper des droits nouveaux et d'aller contre le but
de leur destination qui est d'être consacrés entièrement
à l'usage public.

C'est à quoi tout le monde se réunira pour y solliciter
le gouvernement, si les moyens ordinaires ne suffisaient
pas pour réprimer ces tentatives, et si l'on n'obtenait
pas, dans les formes accoutumées, la restitution des droits
illégalement perçus.

Nous nous dispenserons de traiter ici plus amplement
cette question, espérant que la compagnie mieux éclai-
rée sur ses droits et sur ceux du public, abandonnera
d'elle-même le droit de 25 centimes, établi par l'ordonnance du 3 mars, et se renfermera dans les limites
de son contrat primitif.

A CES CAUSES,

Plaise à Votre Majesté en son conseil, recevoir les
supplians opposans à l'exécution de l'ordonnance royale
contre eux surprise par défaut, le 3 mars 1825.

Ce faisant, ordonner que les chambres de commerce,
la préfecture de police et l'administration des ponts et
chaussées donneront leur avis sur la convenance et la
légalité des augmentations accordées.

Et cependant, par provision, ordonner que le droit
nouveau sera suspendu, et que les anciens continue-
ront d'être perçus, jusqu'à ce que révision ait été faite

des tarifs desdites compagnies , conformément à l'art. 16 de la loi du 28 mars 1790 , et qu'ils aient été ramenés au taux primitif de leur création , qui , seul forme le contrat entre l'état et les concessionnaires.

Dans tous les cas, rapporter l'ordonnance royale du 3 mars 1825 , purement et simplement, en laissant aux parties intéressées à se pourvoir comme de droit, afin de restitution devant les tribunaux.

PRODUCTION.

1° Actes constatant que le droit de séjour n'était pas perçu avant l'ordonnance royale du 3 mars 1825.

2° Avis imprimé par la compagnie du canal de Briare, du mois de septembre 1823.

Les Syndics du commerce de charbon de bois ,

SALAUN , BARBIER , SUBERT, ROUX-MOREAU.

LEBOUR et GÉRARD , délégués du commerce de charbon de terre.

A Paris, le 25 août 1825.

IMPRIMERIE DE F. POCHARD,
RUE DU POT-DE-FER, N° 14, A PARIS.